Analyse de l'œuvre

Par Kelly Carrein

Mes forêts

Hélène Dorion

lePetitLittéraire.fr

Analyse de l'œuvre

Par Kelly Carrein

Mes forêts

Hélène Dorion

lePetitLittéraire.fr

Rendez-vous sur lepetitlitteraire.fr et découvrez :

Plus de 1200 analyses
Claires et synthétiques
Téléchargeables en 30 secondes
À imprimer chez soi

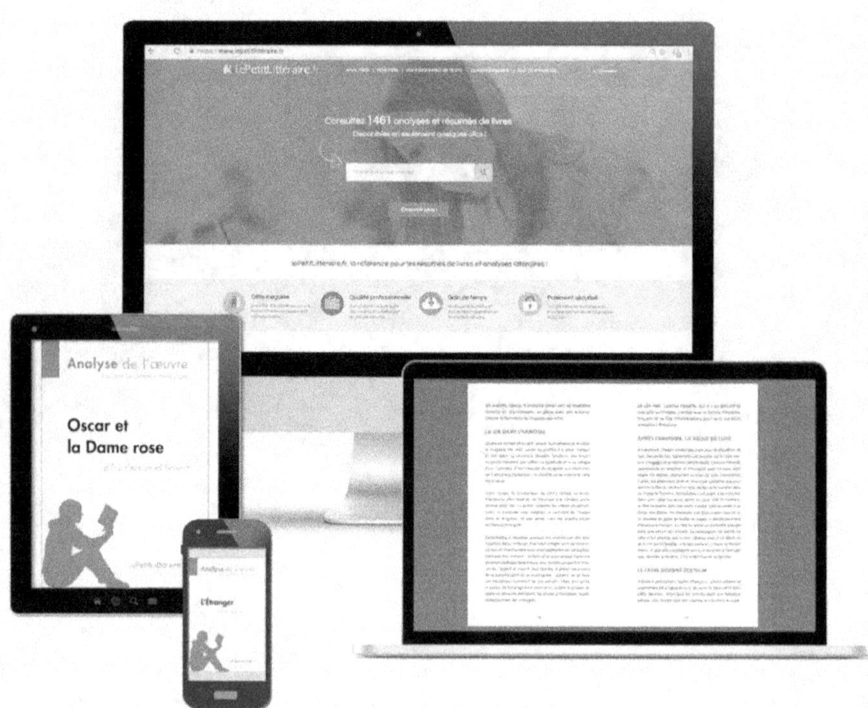

MES FORÊTS

UNE ODE POÉTIQUE À LA NATURE

- **Genre :** recueil de poèmes.
- **Édition de référence** : H. Dorion, *Mes forêts*, Paris, Éditions Bruno Doucey, 2021, 158 p.
- **1re édition :** 2021.
- **Thématiques :** forêt, nature, paysages, humanisme, environnement, rapport au monde, liberté.

Par son recueil de poèmes, *Mes forêts*, la Québecoise Hélène Dorion rend hommage à un décor qu'elle a fréquenté depuis l'enfance. La nature, sous toutes les formes, l'a toujours envoûtée et inspirée. Poétesse accomplie, l'auteure propose un voyage à travers les paysages sylvestres, mais aussi, par le biais de celui-ci, une critique de la société actuelle et de ses dérives, telles l'omniprésence de la technologie et les dangers du réchauffement climatique. Hélène Dorion ne se soumet à aucun code de la poésie traditionnelle, se refusant à utiliser la ponctuation, les rimes ou la versification traditionnelles, préférant laisser aller ses mots au rythme de son imagination, sans la moindre contrainte stylistique.

Mes forêts fait depuis peu partie des textes à étudier pour l'épreuve du bac de français en France, ce qui constitue un fait plutôt rare : le plus souvent, les poètes sont étudiés après leur mort, et les textes des examens ont déjà été analysés par de nombreux commentateurs. Or, dans le cas de *Mes forêts*, il s'agit d'un recueil d'une auteure contemporaine, à peine publié depuis deux ans, et donc peu analysé à ce jour. Ce qui n'est pas pour déplaire à Hélène Dorion, qui apprécie que les étudiants puissent y insuffler leur propre interprétation.

HÉLÈNE DORION

ÉCRIVAINE CANADIENNE

- **Née en 1958 à Québec.**
- **Quelques-unes de ses œuvres :**
  - *Le temps du paysage* (2016), roman.
  - *Comme résonne la vie* (2018), recueil de poèmes.
  - *Yourcenar – Une île de passions* (2022), livret d'opéra.

Hélène Dorion est née le 21 avril 1958, à Québec. Principalement poétesse, elle a également publié des romans, des essais et même un album pour la jeunesse. Elle a aussi collaboré à plusieurs anthologies. À ce jour, elle a publié plus d'une trentaine d'œuvres, depuis son premier recueil de poèmes, *L'Intervalle prolongé suivi de La Chute requise*, en 1983. Ses textes sont principalement inspirés par la nature canadienne qui a bercé son enfance, et dont elle s'est imprégnée.

Formée à l'université Laval, elle détient un baccalauréat en philosophie, obtenu en 1980, ainsi qu'une maîtrise en littérature (1985). Elle a été enseignante dans les années 80, ainsi que directrice des Éditions du Noroît de 1991 à 2000, avant de choisir de se concentrer pleinement à l'écriture.

Elle est une des figures de proue du monde littéraire canadien. Ses œuvres ont été traduites dans une quinzaine de pays, lui valant de nombreux honneurs, dont le prestigieux Prix Athanase-David qui a récompensé la totalité de sa carrière en 2019. Très appliquée dans la vie littéraire canadienne, elle est membre de l'Académie des lettres du Québec et de l'Union des écrivaines et des écrivains québécois, ainsi que jurée permanente des prix de poésie en langue française Léopold-Senghor et Louise-Labé.

APERÇU DE L'ŒUVRE

Le recueil *Mes forêts* se compose de quatre parties distinctes, chacune précédée par une citation d'une autre artiste. Ces parties se différencient par leur contenu et par leur construction formelle :

- **L'écorce incertaine**, la première partie de l'ouvrage, comporte vingt-cinq poèmes. La longueur de ceux-ci ne dépasse jamais une quinzaine de vers, permettant une présentation d'un poème par page. Tous les poèmes sont affublés d'un titre selon le même schéma : un déterminant défini (le/la/les) suivi d'un substantif qui renvoie à un élément que l'on peut retrouver dans la forêt (« Les racines », « L'écorce », etc.).

- **Une chute de galets**, la deuxième partie du recueil, se constitue d'un seul poème. Celui-ci se déroule sur plusieurs pages. Il est le seul texte de *Mes forêts* à comporter des strophes qui ne s'alignent pas avec le reste du poème : plusieurs blocs de texte sont mis en évidence par le biais de l'alinéa, offrant ainsi une mise en évidence typographique.

- **L'onde du chaos**, troisième partie, comprend quant à elle trente poèmes. Ceux-ci sont en majorité plus longs que dans *L'écorce incertaine* : en général, ils tiennent sur une page, mais certains débordent sur deux. Ici, aucun texte n'est doté d'un titre, la majuscule est le seul indice permettant d'indiquer le début d'un nouveau poème.

- **Le bruissement du temps** se compose de trois poèmes longs de plusieurs pages. Chacun de ces poèmes comporte un titre, qui permet de les lier entre eux par le procédé de l'anaphore: « Avant l'aube », « Avant l'horizon », « Avant la nuit ».

La division du recueil révèle donc une forme d'organisation et de regroupement des idées et de la forme.

ÉCLAIRAGES

ÉCRIRE LE MONDE QUI CHANGE

Le recueil *Mes forêts*, véritable ode à la nature et à la liberté qu'elle offre, a été publié pour la première fois en 2021. De ce fait, il s'inscrit dans un contexte mondial particulier, celui de la pandémie de coronavirus. Ce n'est pas anodin, car, comme fil conducteur de ses poèmes, Hélène Dorion a choisi les forêts, qui furent l'un des rares endroits dépourvus de contrainte au plus fort de la pandémie. Elle-même confinée en forêt, elle a pu utiliser cette période afin de nourrir son imaginaire et de revenir aux simplicités de la nature. Dans un monde faisant face à une problématique inédite, la poétesse a pu créer un recueil qui prône le recentrement sur soi et sur la nature environnante.

Le contexte environnemental du début des années 2020 a également influencé Hélène Dorion. Elle a mis la touche finale à *Mes forêts*, pendant que les feux de brousse faisaient des ravages sur la faune et la flore en Australie. L'écriture devient alors un moyen de dénoncer les catastrophes écologiques qui se multiplient aux quatre coins de la planète.

L'auteure allie à la fois des thèmes contemporains, tels l'omniprésence de la technologie ou la lutte contre le réchauffement climatique – qui préoccupent bon nombre de personnes – à l'image ancestrale de la nature, qui fut présente dans les productions littéraires dès les débuts de la littérature, et ce jusqu'à nos jours sans discontinuer.

Elle se base donc sur un sujet universel et intemporel, qu'elle remet au goût du jour en l'alliant à des problématiques typiques du vingt-et-unième siècle.

UNE RECONNAISSANCE RAPIDE : LE PROGRAMME DU BAC EN FRANCE

Mes forêts a été ajouté au programme du baccalauréat français pour l'année 2023, c'est-à-dire seulement deux ans après sa publication initiale. Il s'agit d'un privilège qui n'est que rarement accordé à des auteurs contemporains, et à plus forte raison à des poètes. La présence d'un texte contemporain, au milieu de textes dits « classiques » pour la plupart, dénote une volonté de modernisation de l'institution. D'abord « stupéfaite » par cette reconnaissance, Hélène Dorion espère que ses écrits permettront aux adolescents de découvrir le monde des mots comme ce fut le cas pour elle.

Du fait de sa parution récente, le texte a été, à ce jour, peu étudié et peu commenté, ce qui en fait une base idéale pour que les étudiants puissent développer leur esprit d'analyse de façon indépendante, sans être influencés par ce qui a pu être écrit auparavant.

CLÉS DE LECTURE

L'ÉMANCIPATION FACE AUX RÈGLES POÉTIQUES TRADITIONNELLES

Tout au long de *Mes forêts*, Hélène Dorion fait fi des codes littéraires qui ancrent la poésie depuis de nombreux siècles. Ceux-ci bridant sa créativité, elle décide tout simplement de s'en passer. En découlent des textes dénués de ponctuation, aux strophes de tailles différentes et aux vers inégaux, accompagnés d'un titre (ou non), et parfois agrémentés de blancs typographiques à des endroits inattendus. Le message de liberté que l'auteure souhaite faire passer au travers de ses écrits transparaît donc également au niveau de la forme.

- **L'absence de ponctuation**. La ponctuation est traditionnellement utilisée pour rythmer un texte, notamment lors de sa déclamation, par le biais de virgules et de points qui indiquent à l'orateur où prendre des pauses. Elle peut aussi jouer un rôle sémantique, puisqu'une phrase ponctuée d'un point d'exclamation n'aura pas les mêmes implications que si elle s'achevait par un point d'interrogation. Or, aucun élément de ponctuation n'apparaît au sein de *Mes forêts*. Le lecteur a donc la liberté de s'approprier le texte jusqu'au bout, à la fois d'un point de vue stylistique (en élaborant sa propre interprétation) et d'un point de vue formel (en guidant lui-même sa lecture, sans se laisser influencer par la forme du poème).

- **Les strophes et la versification inégale**. Une autre des constantes poétiques est la présence de strophes codifiées, à la fois par leur nombre de vers et par le nombre de pieds contenus dans ceux-ci. Une nouvelle fois, ces règles ne semblent pas intéresser Hélène Dorion, qui décide tout bonnement de s'en passer. Ce faisant, elle invite le lecteur à sortir des sentiers battus et à s'approprier le poème comme il le souhaite, en faisant fi des enseignements sur la poésie qu'il aurait pu recevoir antérieurement. Les vers, quant à eux, peuvent aller du trisyllabe à l'alexandrin : certains poèmes sont composés en majorité de vers plus courts, et d'autres de vers plus longs, mais vers courts et vers longs cohabitent parfois au sein d'un même poème. Au fil de *Mes forêts*, la découverte du lecteur ne se fait donc pas uniquement au niveau du fond, mais aussi de la forme, qui se renouvelle en continu.

- **La typographie originale**. Outre les blancs qui constituent les séparations naturelles entre les différentes strophes, certains vers présentent des blancs typographiques. Ceux-ci n'apparaissent pas dans tous les poèmes, mais sont utilisés de façon ponctuelle. Ils peuvent ainsi créer une pause dans la lecture, mais permettent aussi de mettre en évidence certains mots, en les séparant du reste du vers. Ces vides au sein de l'écrit contribuent à la déconstruction de la forme poétique traditionnelle.

- **La division du recueil.** *Mes forêts* se subdivise en quatre parties distinctes, toutes dotées d'un titre : *L'écorce incertaine* (25 poèmes courts), *Une chute de galets*

(1 seul poème sur plusieurs pages), *L'onde du chaos* (30 poèmes de tailles variables) et *Le bruissement du temps* (3 poèmes longs de plusieurs pages). Cette division inégale, qui peut d'emblée surprendre, voire paraître presque arbitraire, permet la mise en évidence de la pensée de l'auteure, car elle regroupe les poèmes en quatre entités distinctes qui balisent la lecture du recueil.

Mes forêts constitue une parfaite subversion formelle des règles de poésie telles qu'elles ont traversé les siècles. Ce faisant, Hélène Dorion met la lumière sur le message que ses textes transportent, utilisant la forme comme un outil et non comme une contrainte artistique. Les poèmes en eux-mêmes se retrouvent donc réduits à leur plus simple expression formelle, dépouillés de ponctuation et même des majuscules (à l'exception des titres, qui, lorsqu'ils sont présents, comportent une majuscule). S'opposant, notamment, au mouvement classique de la Renaissance, l'auteure recentre l'expérience poétique sur les mots, et le ressenti qu'ils provoquent chez le lecteur, plutôt que sur la perfection formelle.

DES THÉMATIQUES MODERNES

La nature, sous toutes ses formes, est un sujet intemporel. Les arts picturaux et littéraires en ont livré de multiples interprétations à travers les siècles. En choisissant les forêts comme fil conducteur de son recueil, Hélène Dorion rejoint une longue lignée d'artistes qui se sont penchés sur leur lien avec la nature. Cette thématique universelle permet à chaque lecteur de livrer sa propre interprétation en fonction de son expérience personnelle et unique de la nature.

En tant qu'auteure du vingt-et-unième siècle, Hélène Dorion a à cœur de raccorder la nature à des thématiques actuelles, qu'elle considère comme importantes. Ainsi, elle ne fait pas de ses poèmes une production purement artistique, mais leur donne un but de sensibilisation à visée militante, où le champ lexical utilisé laisse transpirer un certain négativisme, voire une forme de violence dans le choix des termes. La poétesse prend ainsi clairement position, et une seconde lecture peut donc être faite, pour mettre en lumière des problématiques contemporaines.

- **Le réchauffement climatique.** Élevée depuis l'enfance au sein des forêts canadiennes, Hélène Dorion est sensibilisée à la problématique climatique. Outre la pandémie de coronavirus, l'écriture de *Mes forêts* a été marquée par un autre événement de grande ampleur : les feux de forêt en Australie, en Amazonie et en Grèce, qui firent de nombreux dégâts à la faune et la flore locales. Les préoccupations écologiques de l'auteure se traduisent donc au sein de ses poèmes, qui font l'éloge d'une nature sauvage et éternelle, tout en mettant en lumière les dangers qui la menacent. Par le biais de la poésie, le lecteur se trouve donc amené à s'interroger sur une problématique actuelle, et à confronter l'artis-tique à la réalité du monde qui l'entoure.

- **Les dérives de la surconsommation.** Le recueil consti-tue une véritable ode à la nature, qui se retrouve exposée à la fois dans sa globalité (les arbres, la forêt, le ciel...)

et dans ses éléments les plus petits (une branche, un galet…). Face à cette entité où règne la liberté des éléments climatiques, Hélène Dorion oppose les notions très modernes de réseaux sociaux (Facebook, Instagram, Twitter) et de consumérisme poussé à l'extrême. La nature, si adorée, devient alors une victime, où les animaux sont tués pour être mangés («mangé la chair des bêtes, brûlé leurs carcasses», p. 103) ou portés en fourrure («on a recouvert nos épaules de fourrure», *id.*). L'humain, quant à lui, oublie l'essentiel dans ce tourbillon de modernité et se retrouve coupé de lui-même, et de sa propre intériorité: ce qui compte, c'est de paraître face aux autres, au lieu de se connaître et s'apprécier soi-même.

La poésie d'Hélène Dorion a donc une vocation philosophique sous-jacente. Le lecteur, au fil des poèmes, est amené à s'interroger sur son propre rapport à la nature, et au monde qui l'entoure. Mais il est également face à une critique du monde moderne qui forme son quotidien. Par le biais de son art, l'auteure invite à un retour à la simplicité de la nature, qui a pour vocation de déclencher une introspection, ou tout du moins un processus de réflexion chez le lecteur.

LA SYMBOLIQUE DE LA « FORÊT »

En plaçant la forêt le cœur de son recueil, au détriment d'autres éléments de la nature, Hélène Dorion fait un choix réfléchi. La forêt et les arbres ont traversé les siècles et les arts, mais leur symbolique est restée constante; quel que soit le médian, l'arbre a toujours représenté la vie : la vie qui part du sol et de la terre pour croître vers le ciel, mais aussi la vie humaine, qui ne pourrait survivre sans la nature et les arbres. L'auteure a donc effectué un choix à la fois universel et intemporel.

- **L'universalité.** Chaque individu, quel que soit son parcours ou son éducation, possède sa représentation de l'arbre, acquise dès son plus jeune âge. Rares sont ceux qui passeront une vie entière sans voir d'arbre de leurs propres yeux ou sous une autre forme (en photo, en dessin, en vidéo, etc.). Avant même d'entamer la lecture du premier poème du recueil, le lecteur possède déjà une image mentale de ce qu'est un arbre et peut donc se le représenter. Cette universalité participe à la volonté littéraire d'Hélène Dorion, qui souhaite produire une poésie accessible à tous, et même aux plus jeunes.

- **L'intemporalité.** La plupart des arbres qui nous entourent, à plus forte raison au sein d'une forêt, étaient déjà présents bien avant notre naissance et le seront toujours bien après notre mort. À l'instar de l'art, les arbres traversent donc les années, au contraire de l'humain qui ne représente qu'un court passage dans la vie d'une œuvre... La vie de l'humain, par définition brève et mortelle, est ainsi confrontée à la nature immuable. La nature, telle qu'elle est décrite dans *Mes forêts*, devient un outil pour apprendre à s'appréhender soi-même.

UNE ODE À LA LIBERTÉ

Le recueil *Mes forêts*, en plus d'être une ode à la nature, fait de la liberté un de ses sujets de prédilection, à la fois au niveau du fond et de la forme. À l'instar des forêts elles-mêmes, qui ne sont soumises à aucune loi, Hélène Dorion exprime son envie – et son besoin – de liberté tout au long du recueil.

- **La liberté formelle.** Forte d'une formation universitaire dans le domaine de la littérature, il est certain que Hélène Dorion connaît à la perfection les règles typographiques traditionnelles, comme l'usage de la ponctuation et des majuscules, ainsi que les règles poétiques que sont la versification et la construction des strophes. Cependant, elle fait fi de son bagage littéraire, et laisse s'exprimer sa pensée, sans chercher à brider ses mots avec les règles établies. De ce fait, la liberté du fond se traduit également dans la forme peu conventionnelle des textes, et du recueil. La production artistique s'émancipe donc sur tous les fronts des contraintes poétiques. La lecture se retrouve impactée : le lecteur peut, par exemple, choisir de lire le recueil selon l'ordre établi par l'auteure, ou de voguer d'un texte à un autre au gré de ses envies et de ses inspirations personnelles. Là où l'auteure fut libre dans son écriture, le lecteur se retrouve, à son tour, libre dans sa lecture.

- **La liberté humaine.** Dénonçant la société actuelle, où le paraître entrave l'authenticité de l'individu, Hélène Dorion suggère au lecteur de se demander qui il est vraiment, en le mettant face à la nature dans toute sa simplicité. La forêt, les arbres, la nature, ne trichent pas et ne doivent plaire à personne : ils sont simplement ce qu'ils sont, et doivent être appréciés pour leur beauté innée et naturelle. Face à la nature environnementale et, par définition, libre, le lecteur est invité à se pencher sur lui-même dans son individualité, et à s'inspirer du monde qui l'entoure pour s'approprier son existence, et vivre libre à son tour.

Face à cette double liberté, le lecteur, émancipé de toute entrave, est en mesure de se faire sa propre interprétation des textes, et, éventuellement, de l'appliquer à sa propre existence. Ainsi, à travers son recueil, au titre pourtant accolé du déterminant possessif « Mes », Hélène Dorion tente de parler à tout un chacun en exprimant sa propre individualité. L'écriture, chez elle, n'a pas un but purement artistique ou esthétique, mais contient une dimension réflexive susceptible de toucher n'importe quel lecteur.

PISTES DE RÉFLEXION

QUELQUES QUESTIONS POUR APPROFONDIR SA RÉFLEXION...

- Choisissez un poème qui comporte des blancs typographiques au sein des vers, et analysez-en l'effet que cela provoque lors de la lecture.
- Relevez quelles sont les figures de style les plus utilisées dans le recueil et analysez leur utilité.
- L'absence de majuscules et de ponctuation a-t-elle perturbé votre lecture ? Justifiez votre réponse.
- Comparez les titres des 25 poèmes composant la première partie du recueil (*L'écorce incertaine*) : que remarquez-vous ?
- Étudiez le champ lexical de la technologie au sein du recueil. Que remarquez-vous ?
- Certains poèmes (« Une chute de galets », pp. 45-49 ; « Avant l'horizon », pp. 103-106) utilisent le procédé stylistique de l'énumération : quel(s) effet(s) cela produit-il ?
- Choisissez une autre œuvre, littéraire ou picturale, ayant pour thème principal la nature, et dressez des parallèles entre celle-ci et *Mes forêts*.
- Choisissez entre deux et quatre poèmes issus de *L'écorce incertaine*, et deux et quatre poèmes issus de *L'onde du chaos* et comparez-les. Quel(s) point(s) commun(s) et/ou quelle(s) différence(s) observez-vous ?

POUR ALLER PLUS LOIN

ÉDITION DE RÉFÉRENCE

- DORION H., Mes Forêts, Paris, Éditions Bruno Doucey, 2021.

SOURCES COMPLÉMENTAIRES

- Site Officiel d'Hélène Dorion, www.helenedorion.com, consulté le 12 mai 2023.
- Chaîne Youtube d'Hélène Dorion, www.youtube.com/@helenedorion5078, consulté le 12 mai 2023.

SUR LEPETITLITTÉRAIRE.FR

- Analyse du livre de: CHARLES BAUDELAIRE, *Fleurs du mal*, Paris, Flammarion, 1857. https://www.lepetit-litteraire.fr/analyses-litteraires/charles-baudelaire/les-fleurs-du-mal/analyse-du-livre
- Analyse du livre de: FRANCIS PONGE, *Le Parti pris des choses*, Paris, Gallimard, 1942. https://www.lepetitlitteraire.fr/analyses-litteraires/francis-ponge/le-parti-pris-des-choses/analyse-du-livre
- Analyse du livre de: JACQUES PRÉVERT, *Paroles*, Paris, Galimard,1945.https://www.lepetitlitteraire.fr/analyses-litteraires/jacques-prevert/paroles/analyse-du-livre#sts=Les%20diff%C3%A9rentes%20parties%20du%20recueil

Votre avis nous intéresse !
Laissez un commentaire sur le site de votre librairie en ligne
et partagez vos coups de cœur sur les réseaux sociaux !

lePetitLittéraire.fr

- des analyses de livres
- des fiches de lectures
- des commentaires littéraires
- des questionnaires de lecture
- des résumés

Retrouvez
notre offre complète sur
lePetitLittéraire.fr